Em.-L. CHAMBOIS

Curé de Rabay.

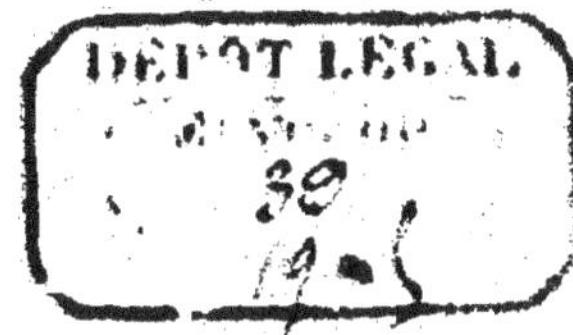

Bénédiction d'une Cloche

à BAILLOU

par

S. G. Mgr Gregorios HAGGEAR

Archevêque de Saint-Jean-d'Acre

Nazareth & de toute la Galilée.

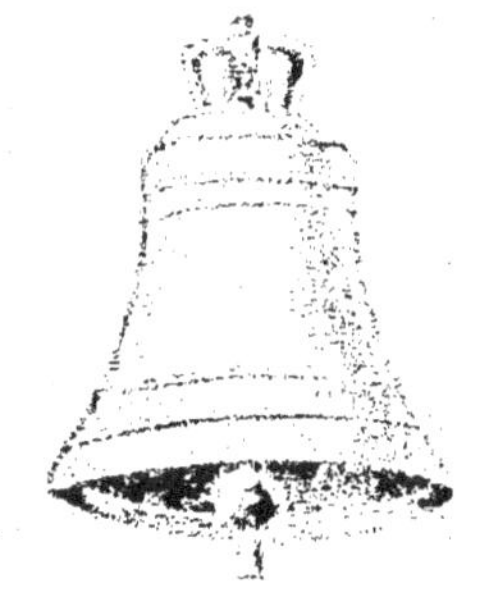

Souvenir du 9 Octobre 1904.

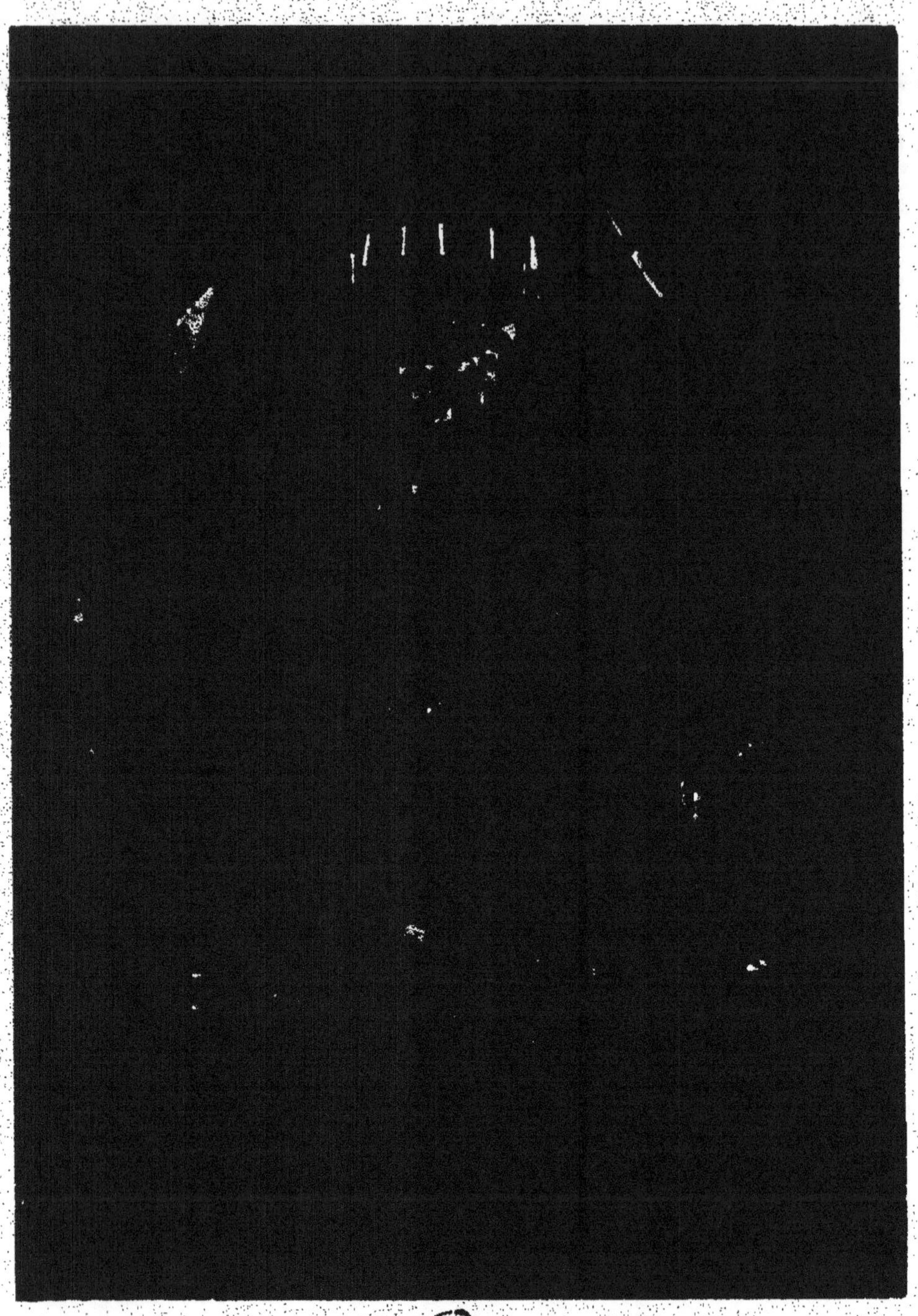

Église de Baillo... — *Vue intérieure.*

Cliché de M. l'abbé G. Etoc.

Em.-L. CHAMBOIS
Curé de Rahay.

Bénédiction d'une Cloche

à BAILLOU

par

S. G. Mgr Gregorios HAGGEAR

Archevêque de Saint-Jean-d'Acre

Nazareth & de toute la Galilée.

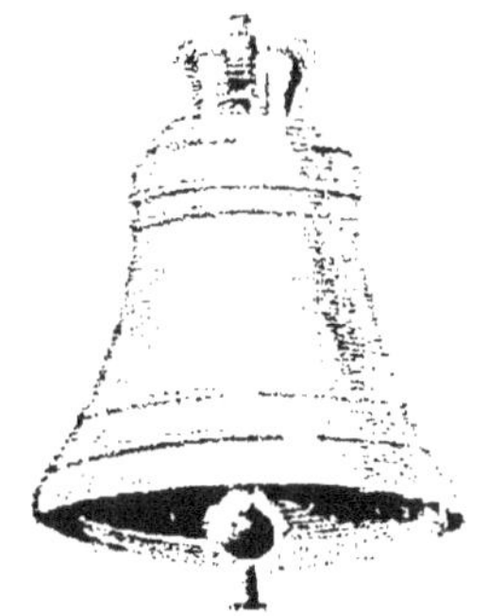

Souvenir du 9 Octobre 1904.

Bénédiction d'une Cloche à Baillou

À L'EXTRÉMITÉ sud-ouest du diocèse de Blois, dans le délicieux bocage du Perche-Gouet, sur les bords de la Braye, s'étage gracieusement le village de Baillou. L'église, vrai bijou du style flamboyant, domine le bourg : le château, antique demeure des nobles familles de Baillou, de Contances et de Courtarvel, s'élève tout auprès, et cet ensemble, église, château, village, forme, vu des hauteurs voisines de Ratay, un merveilleux et pittoresque panorama.

Dieu, en donnant à ce pays ce riant aspect, l'a comblé en même temps de ses meilleures bénédictions. L'illustre famille qui, au XVᵉ siècle, dota la paroisse de sa belle église, n'a jamais cessé de répandre ses bienfaits sur toute la région, et ses descendants ne font que continuer l'œuvre de leurs pieux et généreux ancêtres.

Baillou, c'est la région de la paix. La fortune

s'y joint à la charité ; l'indigence, largement secourue, y manifeste hautement sa gratitude et son dévouement ; et tous les habitants, ne formant qu'un cœur et qu'une âme, associent avec bonheur leurs prières dans la maison du bon Dieu.

.˙.

Le jeudi 6 octobre, dans l'après-midi, le village de Baillou présentait une animation extraordinaire. L'église avait revêtu ses parures des plus grandes solennités. Les ors des candélabres se mariaient à la verdure des guirlandes de lierre et de houx ; les fleurs semblaient refléter les riches couleurs des vitraux. La place, les allées qui contournent le temple divin se couvraient de sable vermeil ; la cloche, de temps à autre, essayait ses plus harmonieux carillons. Une fête se préparait, fête improvisée, d'autant plus aimable, d'autant plus gracieuse. Il s'agissait de recevoir Mgr Grégorios Haggear, archevêque de Saint-Jean d'Acre, de Nazareth et de toute la Galilée, délégué par Sa Grandeur Mgr l'Évêque de Blois, pour bénir, le dimanche suivant, une seconde cloche donnée à la paroisse, en mémoire de M. le Marquis de Courtarvel, insigne bienfaiteur de Baillou.

Le Pontife, le matin seulement, avait annoncé son arrivée, mais à Baillou, grâce au zèle du pasteur, au dévouement et à la piété des paroissiens, les cérémonies s'organisent promptement et de la façon la plus parfaite.

A six heures, une procession nombreuse, joyeuse mais recueillie, monta vers le château. Des enfants portaient, suspendues à des rameaux, des lanternes vénitiennes. Quelques prêtres des environs entouraient le curé de Baillou et, au chant du *Benedictus*, le cortège reprit le chemin de l'église où Sa Grandeur donna la bénédiction du Très Saint Sacrement.

Le prélat, malgré les fatigues du dernier voyage qui étaient venues se joindre à celles de ses nombreuses pérégrinations apostoliques, voulut adresser la parole aux paroissiens de Baillou.

Sur les gradins de l'autel illuminé de mille feux, la face tournée vers le peuple, Mgr Haggear parut alors comme une véritable image du Sauveur, son auguste diocésain, son divin compatriote. Assez grand, le visage émacié par suite d'une vie toute de souffrances et de travaux, les cheveux retombant à la nazaréenne sur ses épaules un peu voûtées, les yeux étincelants de foi et d'amour de Dieu, il remercia les fidèles de la réception qu'ils venaient de lui faire. Avec un à-propos charmant, il compara les fillettes de Baillou, venues à sa rencontre avec leurs lumières multicolores, aux Vierges sages de l'Évangile qui se portèrent au-devant de Jésus, l'époux mystique de leurs âmes, et les petits garçons aux enfants des Hébreux qui, au jour de l'entrée du Christ à Jérusalem, en chantant le céleste hosanna et en semant la voie de branches vertes, firent au Sauveur une gracieuse et triomphale escorte.

Mgr Haggear exprima ensuite, en termes émus, toute la gratitude de son âme pour Mgr l'Évêque de Blois qui, en le chargeant de le suppléer dans cette circonstance, lui donnait une nouvelle preuve de son bienveillant intérêt, de sa religieuse et profonde affection. Le prélat termina son allocution par une éloquente et fervente prière adressée au Ciel pour le glorieux Pontife Pie X que l'Église, tout entière, voit, avec une sereine confiance, présider à ses destinées terrestres ; pour la France, la nation chrétienne par excellence, dont le nom à Nazareth et dans toute la Terre Sainte, est synonyme de foi et de charité ; pour la paroisse de Baillou, son dévoué pasteur, sa bienfaitrice, Mme la marquise de Courtarvel, dont le cœur, poussé par une inépuisable charité, ne trouve jamais rien d'assez doux, d'assez consolant quand il rencontre une misère à soulager, rien d'assez beau, d'assez artistique quand il s'agit de décorer la maison de Dieu.

Quel majestueux spectacle présentait alors l'église de Baillou ! Pour une âme chrétienne, tout Pontife est le représentant du Christ, mais lorsqu'à cette idée surnaturelle vient se joindre la ressemblance physique, en même temps que la communauté de patrie, oh ! alors, il est impossible de rendre et l'enthousiasme et le bonheur, le respect et le dévouement qui s'emparent des heureux témoins d'une telle vision ! Le sanctuaire de Baillou était ce soir-là un véritable Thabor !

Le dimanche matin, à neuf heures et demie, la vieille cloche, allègrement sonnée, faisait retentir la vallée de ses plus joyeux appels. La foule se

Baillou. — Église Saint-Jean-Baptiste.

dirigeait vers l'église, animée par la pieuse curiosité d'assister à la messe solennelle que devait célébrer, selon le rite grec, Sa Grandeur Mgr Haggear. De merveilleux ornements pontificaux posés sur l'autel scintillaient à la flamme des cierges. Œuvre et offrande de Mme de Courtarvel, ces ornements proclament bien haut et le goût si pur et la générosité si pieuse de la noble bienfaitrice.

Mgr Haggear se rendit au trône pour prendre les vêtements sacrés. Sur la tunique de fin lin, Monseigneur plaça la longue étole, large seulement de quelques centimètres, qui, des épaules, tombe presque jusqu'aux pieds et symbolise, soit le joug du Christ, soit la corde passée au cou du Sauveur pendant sa douloureuse Passion.

Une ceinture, étroite bande d'étoffe couverte de broderies, vint fixer autour du Pontife et l'étole et la tunique. Cette ceinture a pour signification mystique l'innocence ou la force spirituelle.

Des manchettes brodées servent à cacher l'extrémité des manches de la tunique et rappellent les gants dont les évêques, dans l'Église latine, couvrent leurs mains dans les cérémonies pontificales.

Le prélat revêtit ensuite l'épigonate, losange d'environ trente centimètres de côté, en étoffe forte et résistante, avec une croix brodée au centre. Suspendu par un ruban passé sur l'épaule gauche, cet ornement se porte à la hauteur du genou droit. Dans l'Église latine, le Pape seul se sert de ce vêtement sacré quand il officie pontificalement. L'épigonate remplace le manipule des Latins et représente le linge que Notre-Seigneur plaça autour de ses reins pour le lavement des pieds.

Vient ensuite le saccos, tunique somptueusement brodée, fendue de haut en bas, sur les côtés. Les deux larges bandes qui la constituent sont reliées ensemble par des rubans ou, plus souvent, par des grelots en métal précieux, à l'instar de la tunique du grand-prêtre chez les Hébreux.

Enfin le pontife plaça sur le saccos, l'omophorion, longue et splendide étole qui d'abord se passe autour du cou, puis est repliée en formant un angle sur la poitrine, l'une des extrémités tombant jusqu'à terre (1). Ce vêtement est le plus ancien ornement sacré de l'Église. Primitivement, simple bande de laine que l'évêque s'enroulait autour du cou, il symbolise la brebis errante que le divin Pasteur est venu chercher et a portée sur ses épaules.

Un prêtre assistant plaça alors sur la tête du Pontife la mitre ronde en usage dans l'Église grecque. Cette mitre ressemble à une couronne royale non ajourée. Comme celle-ci, elle est surmontée d'un globe et d'une petite croix, et figure la plénitude du sacerdoce dont l'évêque est revêtu.

Le saint sacrifice commença ; les fidèles, qui suivaient, tout d'abord, avec une bien pardonnable curiosité, la suite de ces cérémonies nouvelles pour la plupart d'entre eux, furent vite pénétrés

(1) Mgr Albert Battandier, *Annuaire pontifical*, 1903.

d'un profond sentiment religieux en voyant l'angé-
lique piété, la majestueuse physionomie du saint
prélat.

Après l'Évangile, M. le Curé de Baillou, en
quelques mots sortis de son cœur débordant de
joie, se fit l'interprète de ses paroissiens pour
exprimer, en leur nom et au sien, à Mgr l'Évêque
de Blois, à Mgr Haggear, leurs sentiments de
vive reconnaissance, d'ardent amour et de filial
dévouement.

Mgr l'Archevêque, s'avançant alors auprès de
la sainte Table, prononça un éloquent discours dont
nous ne pouvons donner qu'un bien faible résumé.

Sa Grandeur, renouvelant, tout d'abord, l'ex-
pression de sa gratitude pour ceux qui lui avaient
ménagé le bonheur de ce séjour à Baillou, parla
ensuite de la Terre Sainte, et spécialement de son
cher diocèse de Saint-Jean-d'Acre et de Nazareth.

La Terre Sainte, berceau de l'humanité, pays
d'origine de notre foi, patrie de Jésus, Marie,
Joseph, des Apôtres, des Disciples, la Terre Sainte
gémit sous le joug musulman, souffre de la plaie
du schisme, de la lèpre de l'hérésie.

La Terre Sainte, pays arrosé du sang des plus
nobles et des plus valeureux chevaliers français,
aime toujours, de l'amour le plus ardent, la France,
sa généreuse et séculaire protectrice. Là, les
évêques catholiques, à la fois pontifes, magistrats,
administrateurs, n'attendent des ressources pour
faire le bien et conserver l'antique prestige de
notre pays que de la charité des catholiques
français.

C'est pour recueillir ces subsides, c'est pour élever des écoles où l'on enseignera, en même temps que notre langue, l'amour de notre patrie ; c'est pour ériger des hôpitaux où les malades, soignés grâce à nos aumônes, levant vers Dieu leurs mains reconnaissantes, feront descendre sur nous les bénédictions du Ciel ; c'est pour construire des églises, où les cœurs de ces chrétiens, nos frères malheureux, prieront pour nous ; c'est pour ces œuvres si nobles, si utiles, que Mgr Haggear a quitté momentanément son troupeau.

Ah ! qui pourrait rester indifférent à tant de souffrances ! Ce sont les frères de Jésus, ce sont nos frères qui sollicitent notre charité. Le schisme et l'hérésie sèment l'or à pleines mains pour les attirer dans leurs temples. Ces nobles compatriotes du Sauveur refusent de vendre leurs âmes ; ils préfèrent vivre misérablement de l'obole de notre charité en conservant intacts le trésor de leur foi, l'amour de notre patrie.

Donner aux Nazaréens, c'est faire œuvre de chrétien, c'est faire œuvre de Français.

L'assistance, touchée de cette éloquence partie d'un cœur d'apôtre, se montra généreuse et la quête, faite par Mme la marquise de Courtarvel, prouva à Mgr Haggear que son appel avait été entendu.

La sainte messe s'acheva dans le plus profond recueillement.

.:.

Le soir, à 4 heures, avait lieu la bénédiction de

la nouvelle cloche. Mgr Haggear et Mme la marquise de Courtarvel l'offrirent à Dieu, sous l'invocation de la Sainte Vierge et de saint Grégoire, patrons du parrain, de saint Louis, roi de France, patron du très regretté marquis de Courtarvel, et de sainte Yolande, patronne de sa noble veuve.

Une magnifique assistance composée de la population entière de Baillou, d'une grande partie de celle des paroisses voisines, remplissait l'église. De nombreux châtelains des environs, plus de vingt prêtres, formaient une couronne d'honneur à Sa Grandeur.

Après la distribution des dragées à la foule, Mgr Haggear monta en chaire et paraphrasa ce passage des psaumes : « *Vox Domini in magnificentia, vox Domini super aquas multas.* »

Le prélat, avec une science consommée des saintes Écritures, rappela toutes les circonstances où la voix de Dieu se fit entendre aux hommes, où elle se communique à nos cœurs de chrétiens. Voix pleine de douceur, voix majestueuse, voix sévère, voix toujours paternelle, qui ne veut que nous manifester son amour et nous attacher à Lui.

Le salut du Saint Sacrement fut admirablement chanté par M. le Curé de Cormenon et par MM. Drolon et Maillet, professeurs à Notre-Dame de Saint-Calais, habilement accompagnés par M. le Curé du Temple.

À la fin de la cérémonie, Mgr Haggear, avec la gracieuse autorisation de Mgr l'Évêque de Blois, nomma M. l'abbé Gendrot, chanoine de Saint-

Jean-d'Acre et de Nazareth, voulant ainsi laisser à la sympathique population de Baillou un souvenir de son passage au milieu d'elle.

Une grande joie était encore réservée à l'assistance recueillie : un télégramme, arrivé au dernier instant, apporta la nouvelle de la bénédiction apostolique envoyée à la paroisse de Baillou, à sa généreuse bienfaitrice, à tous les fidèles présents, par Sa Sainteté le Pape Pie X.

Heureuse journée, avant-goût du ciel sur cette terre! Puissent les habitants de Baillou en conserver toujours le souvenir et, sous la pieuse direction de leur bien-aimé pasteur, garder vigilamment leur foi et leur renommée de bons et de fidèles chrétiens !

Description & Inscription de la nouvelle Cloche.

La nouvelle cloche de Baillou mesure 1 mètre 03 de diamètre ; elle pèse 610 kilogrammes. Elle sort des ateliers de M. Amédée Bollée, le célèbre fondeur manceau qui, grâce à la perfection de son outillage et à son aimable empressement, put, en quinze jours, exécuter ce beau travail. L'ancienne cloche, comme son, se place entre le *sol* et le *sol dièze* ; la nouvelle entre le *fa* et le *fa dièze*.

Voici l'inscription de cette cloche :

En l'an de grâce 1904, le 17 septembre,
Sa Sainteté PIE X étant Pape,
Sa Grandeur Monseigneur CHARLES-HONORÉ LABORDE,
évêque de Blois,
Messire ARMAND-GERVAIS GENDROT, curé de Baillou,
J'ai été bénite, pour l'église
SAINT-JEAN-BAPTISTE DE BAILLOU,
par Sa Grandeur Monseigneur GRÉGORIOS HAGGÉAR,
archevêque de Nazareth, Caïffa,
Saint-Jean d'Acre et de toute la Galilée, délégué
de Monseigneur l'Évêque de Blois et mon parrain,
Et synonymée
MARIA-GREGORIA-LUDOVICA-YOLANDA
par mondit parrain, l'archevêque de Galilée,
dont je chanterai

les divins enseignements : « Paix et union de tous les
hommes dans le CHRIST-JÉSUS, notre Roi et notre
Maître, et sous la puissante protection de sa
Très Sainte Mère, la Vierge MARIE. »
« Amour et souffrance. »
Et par ma marraine et donatrice,
Dame MARIE-HONORINE-MARTHE-YOLANDE DES ISNARDS,
veuve de Messire LUDOVIC-CALISTE-CÉSAR,
marquis de COURTARVEL DE PEZÉ.
En présence de M. FRANÇOIS CHAUVIN, maire,
des membres du Conseil de fabrique,
MM. JEAN BOULAY, président, PIERRE AUBIOU,
FRÉDÉRIC MILLET, LOUIS LHERMENAULT, LOUIS SAVAUX,
Et de M. LOUIS-HUMBERT, marquis de MONTEYNARD,
neveu et exécuteur testamentaire
du marquis de COURTARVEL DE PEZÉ.

La date marquée dans cette inscription est celle
qui, primitivement, avait été choisie pour la bénédiction, mais Mgr Haggear fut forcé de remettre
cette cérémonie au second dimanche d'octobre.

De délicieux rinceaux de style roman ceignent
cette cloche qui porte sur les saussures une croix
latine, une Vierge de Nazareth, et aux points
opposés les armes des Courtarvel : *d'azur, au
sautoir d'or accompagné de 16 losanges de
même, posés, 3.3.3.3.3. et 1, et celles de la famille
des Isnards : d'or, au sautoir de gueules, can-
tonné de 4 molettes d'éperon d'azur.*

A Monseigneur HAGGEAR

Archevêque de Nazareth.

A nos yeux vient s'offrir l'image
De l'aimable et divin Sauveur.
Honorons par un humble hommage
Jésus dans son ambassadeur. *(bis*

I

Chrétiens, du peuple Israélite
Faisons revivre la ferveur.
Livrons-nous aux transports qu'excite
Le représentant du Sauveur.

II

De notre amour offrons le gage
A l'envoyé du Roi des Cieux,
Unissons les fleurs au feuillage.
Couronnons son front radieux.

III

Pour les enfants plein de tendresse.
Il dit : Laissez-les approcher !
Il les bénit, il les caresse.
Sur eux son cœur vent s'épancher.

IV

Au saint nom du Dieu de clémence
Son Pontife vient nous bénir.
L'hymne de la reconnaissance
Jusques au Ciel doit retentir !

A. GENDROT.

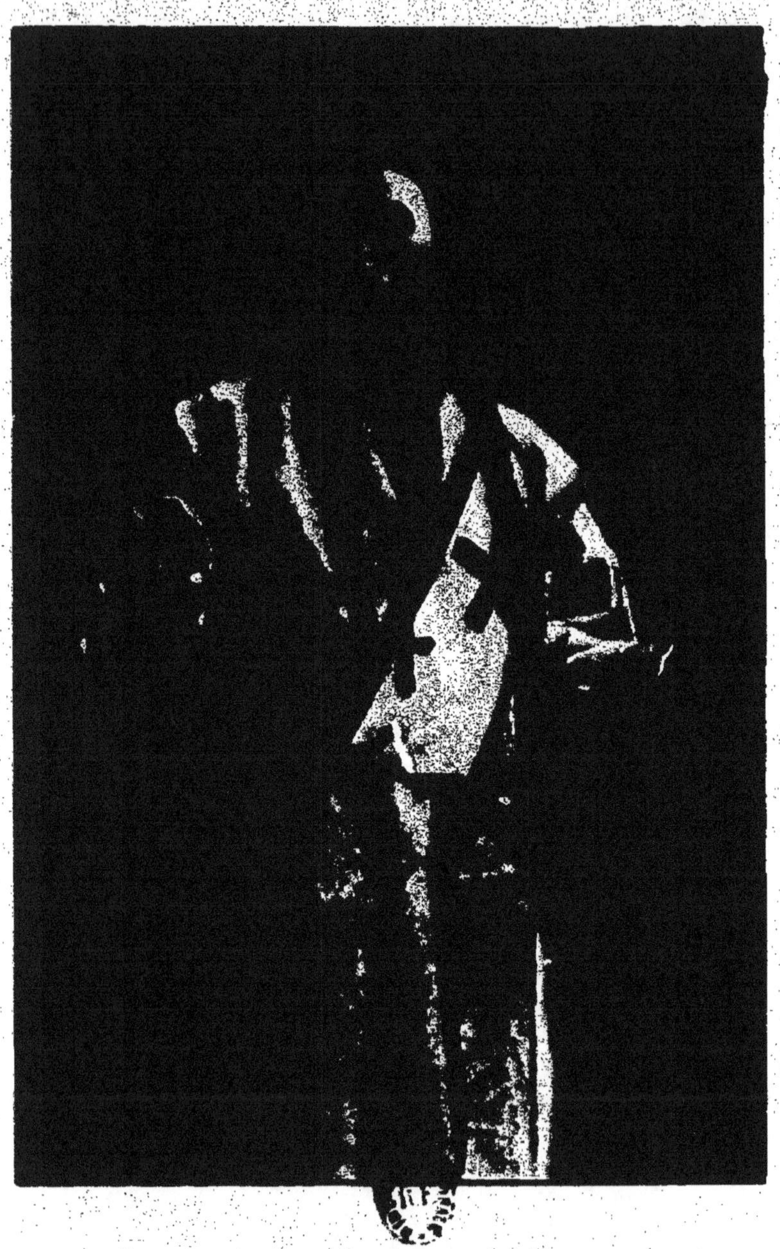

S. G. Mgr Gregorios Haggear.

Archevêque grec-catholique de Saint-Jean d'Acre et de Na...

Cliché H. Billard, Angoulême.

Monseigneur HAGGEAR
et ses Œuvres.

Le récit de cette fête de Baillou nous amène tout naturellement à parler de Mgr Haggear et des œuvres qui l'ont conduit dans notre pays pour y faire appel à la générosité et au patriotisme des cœurs vraiment chrétiens et vraiment français.

∴

Mgr Haggear naquit au Mont-Liban, le dimanche des Rameaux, 20 mars 1875. Comme le prophète Samuel, il avait été consacré à Dieu dès le sein de sa mère. Celle-ci, tandis qu'elle le portait, avait voulu se rendre à un pèlerinage du Mont-Liban : Notre-Dame de l'Annonciation, afin d'obtenir la grâce d'une délivrance heureuse. La fortune du chemin l'amena près d'un torrent qu'elle tenta de traverser sur sa monture. Mais voici que le courant l'emportait. Elle donc de crier vers la Vierge : « Dites à votre Fils que je lui voue mon enfant, s'il nous sauve! » Immédiatement, elle atterrit. Et l'enfant naquit ; et il grandit. Il fit de brillantes études dans un collège français du Caire puis, passionné pour les sciences, il résolut de s'y adonner entièrement, oubliant ainsi le serment maternel.

Pour lui rafraîchir la mémoire, Dieu lui envoya la maladie. Les médecins les plus habiles ne comprenaient rien à l'état du jeune homme ; toute leur science et leur expérience étaient en déroute. C'est alors que, vaincu par la souffrance, l'étudiant se souvint et se décida à entrer au séminaire des Missionnaires, au couvent du Saint-Sauveur, près de Sidon. Sa santé se remit aussitôt, non pas vigoureuse, mais suffisante pour lui permettre d'arriver au sacerdoce qu'il reçut le 3 janvier 1887. Il fut alors nommé professeur à ce même séminaire du Saint-Sauveur.

A la mort de Mgr Athanase Sabbag, archevêque de Saint-Jean d'Acre, survenue en 1889, le patriarche, Mgr Géraïgiry, les évêques de la province et toute la population du diocèse, à l'unanimité, jetèrent les yeux sur le jeune professeur pour en faire le successeur de ce prélat.

Trop jeune pour être évêque, le Père Haggear fut nommé vicaire capitulaire et, en cette qualité, administra le diocèse pendant un an.

Lorsqu'il fut en âge de recevoir la consécration épiscopale, le P. Haggear, pendant plus de deux mois, essaya vainement de se soustraire à cette sublime mais redoutable mission. Ce fut seulement le 24 mars 1891, qu'il reçut, à Damas, la plénitude du sacerdoce, des mains du patriarche grec-melchite, Mgr Géraïgiry.

La population du vaste diocèse de Mgr Haggear

ne fut pas seule à se réjouir de son avènement. Le consul général de France en Syrie, le comte de Sersey, se félicita hautement de cette élection : « Depuis longtemps, disait-il, je désirais ardem- « ment qu'on nommât en Galilée un évêque ami de « la France, un évêque dévoué à ses intérêts, et « ces sentiments je les ai trouvés bien vivants « dans le cœur du jeune vicaire capitulaire. »

Aussitôt après son sacre, Mgr Haggear fit sa première tournée pastorale : il parcourut avec l'émotion la plus profonde, comme représentant du Christ, les villes et les villages de la Galilée, où il était reçu avec le même enthousiasme, les mêmes usages, qu'au temps du divin Sauveur. La pro- fonde misère des Lieux Saints navra son cœur et lui inspira la pensée de solliciter en faveur de ses pauvres diocésains la charité du monde chré- tien.

A la même époque, Mgr Angeli, secrétaire de S. S. le Pape Léon XIII, visitait en pèlerin les sanctuaires de la Galilée. Il rencontra le pieux archevêque et, le voyant accablé devant tant de souffrances qu'il ne pouvait efficacement soulager, il l'engagea à venir à Rome demander le secours et l'appui du Souverain Pontife. Mais, comme si Dieu voulait réserver à cette âme d'élite toutes les amertumes de l'apostolat, des entraves retardèrent ce voyage et Mgr Haggear n'arriva dans la Ville éternelle qu'au moment où Léon XIII, qui avait manifesté le désir de le voir, tomba sous le poids de la maladie qui le conduisit au tombeau.

Pie X, peu de jours après son élection, reçut

l'archevêque de Galilée ; Sa Sainteté lui remit une généreuse offrande, l'encouragea vivement et le plaça sous sa paternelle et toute particulière protection.

Fort de cette bénédiction et de cette bienveillance, Mgr Haggear vint en France, précédé par la chaleureuse recommandation du consul général de France en Syrie, et par celle de l'ambassadeur de la République française auprès du Vatican, M. Nisard.

La France officielle fit à l'archevêque un accueil des plus encourageants : au Ministère des Affaires étrangères, Mgr Haggear fut reçu avec l'empressement le plus favorable, d'autant plus que S. E. le cardinal Langénieux — le Père des Orientaux — avait écrit une lettre personnelle au Ministre pour le recommander à toute sa bienveillance.

Depuis, le Saint-Père, par l'intermédiaire de S. E. le cardinal Merry del Val, écrivit à l'archevêque de Galilée pour « lui accorder une béné- « diction spéciale et en même temps pour bénir « l'œuvre et l'apostolat dans lequel il se dépense « avec tant de zèle ». Ce sont les propres termes de la lettre pontificale.

Essayons maintenant de faire connaître à nos lecteurs l'état du diocèse de Saint-Jean d'Acre et de Nazareth, le plus important et le plus beau, mais le plus pauvre de l'Orient.

∴

Ce diocèse comprend la majeure partie de la Palestine, notamment la Galilée et une portion de la Phénicie. Les villes principales sont Saint-Jean d'Acre, Kaïffa, Nazareth, Tibériade et Saphed.

Mgr Haggear est titulaire de trois sièges épiscopaux : Saint-Jean d'Acre, Kaïffa et Nazareth, et il doit, chaque année, résider quatre mois dans chacune de ces villes.

Dans cette vaste région, Mgr Haggear se trouve à la tête d'un petit troupeau composé en grande majorité de fermiers et d'ouvriers misérables disséminés au milieu de Musulmans, de Juifs, de Druses et de Grecs schismatiques puissamment secourus par leurs coreligionnaires européens.

Les pauvres diocésains de Mgr Haggear ont leur évêque pour unique soutien ; ils recourent à lui dans toutes leurs affaires spirituelles et temporelles, ce qui donne au prélat une telle somme de travail qu'elle occupe la majeure partie de son temps, souvent au détriment des œuvres de l'apostolat. De plus, les schismatiques et les hérétiques font à l'archevêque grec-catholique une guerre à outrance. Partout, même dans les moindres villages, ils construisent des temples superbes, des écoles, des hôpitaux splendides. L'instruction aux enfants, les soins aux malades y sont donnés gratuitement, tentation terrible pour les catholiques absolument abandonnés dans leur misère.

Mgr Haggear serait heureux de soulager cette détresse, mais les ressources lui font entièrement défaut. Son diocèse ne possède comme revenu fixe qu'une rente de quatre cents francs fournie par la location d'une maison située auprès de la cathédrale de Saint-Jean d'Acre. Anciennement, l'évêque percevait une dîme en nature, lait, fromage, blé, figues, dont la vente produisait environ 1.300 francs, mais cette dîme, depuis plusieurs années ne donne plus rien, à cause de la pénurie des récoltes et de l'accroissement formidable des impositions. Cette collecte devait être faite par l'évêque lui-même, Dieu sait au prix de quelles fatigues et de quelle perte d'un temps précieux !

L'Œuvre de la Propagation de la Foi verse à Mgr Haggear une aumône annuelle de 500 francs, celle des Écoles d'Orient lui donne 400 francs, et le Gouvernement français fournit une subvention de 3.000 francs. Tel est le total des ressources plus ou moins aléatoires mises à la disposition de l'archevêque de Galilée pour les œuvres de son immense diocèse.

Cette pénible situation pourrait changer immédiatement si Mgr Haggear voulait écouter les propositions qui lui sont faites par plusieurs nations européennes désireuses de supplanter la France dans son protectorat des catholiques orientaux. Des écoles, des hôpitaux, des églises, surgiraient de terre comme par enchantement, mais il faudrait s'associer à la destruction de l'influence française. Au lieu de notre langue, il serait obligatoire d'enseigner dans les écoles et les collèges l'allemand, le russe, l'anglais ou l'italien. Mgr Haggear a décliné des offres suspectes à son amitié pour notre France. On enseignera le français dans les écoles de la Galilée ou bien celles-ci ne seront ni patronnées ni entretenues par lui.

Baillou. — Église paroissiale. Abside.

Cliché de M. l'abbé A. Gendrot.

Les séductions mises en œuvre par les ennemis de notre foi ou de notre influence finiront, si elles se prolongent, par vaincre la résistance vraiment héroïque des pauvres Galiléens. Il faut donc agir et agir promptement.

C'est par les écoles qu'il importe de commencer ; c'est là que notre langue sera enseignée aux enfants. La langue c'est le véhicule des idées et des sentiments. La prépondérance en Orient restera au pays qui aura le plus répandu l'étude de sa langue. Nos rivaux le savent et c'est la raison de ces nombreuses et riches écoles gratuites qu'ils ouvrent dans toute la Palestine. La France comprend l'utilité de ces écoles, aussi elle vient en aide à l'archevêque de Galilée ; mais que sont les 3.000 francs qu'elle donne, comparés aux millions prodigués par les autres nations !

C'est à notre charité à pourvoir aux besoins de cette œuvre de l'enseignement catholique et français des jeunes Galiléens. Déjà, Mgr Haggear a créé quelques écoles qui lui coûtent chaque année plus de 5.000 francs. Il lui faut encore dix écoles de garçons et vingt de filles. Ces écoles, il est vrai, ne sont pas aussi coûteuses à établir que celles de notre pays. En Galilée, on construit à bon marché et les maîtres et maîtresses se contentent de peu. Quinze cents francs suffisent ordinairement pour l'établissement d'une école, et 400 francs par an pour l'entretien du maître. Quelle belle œuvre et quel service rendu en même temps à notre sainte religion, à notre chère patrie, en contribuant à l'ouverture et à l'entretien de ces écoles françaises et catholiques en Galilée.

Après les écoles, la construction des églises vient solliciter notre charitable intervention. Que de villages en sont complètement dépourvus ! Parmi ceux qui possèdent une maison de Dieu, il n'en est pas un seul qui puisse la déclarer convenable. Ce sont de pauvres huttes, dépourvues d'ornements, privées des objets les plus nécessaires au culte, et ce qui rend cette misère encore plus sensible, c'est de voir tout auprès s'élever les splendides temples des hérétiques et des schismatiques, les riches synagogues des Juifs et les mosquées non moins belles des musulmans.

Les catholiques seuls sont misérables, et misérables uniquement parce qu'ils veulent conserver leur foi et leur fidélité à notre patrie.

Dans un pays où le Fils de l'homme n'a pas trouvé une pierre sur laquelle il pût reposer sa tête, il semble tout naturel que ses représentants, évêque et prêtres, n'aient pas à leur disposition de magnifiques demeures. Malgré cela, pour faire un tableau fidèle de ce diocèse de la Galilée, il nous faut signaler à nos lecteurs l'exiguïté et la misère de la maison épiscopale de Saint-Jean d'Acre. Nazareth et Kaïffa, encore plus dénués, n'ont aucune résidence à offrir à leur premier pasteur quand il les visite. A Nazareth, Mgr Haggear est obligé de s'installer pour le jour et la nuit, dans un coin de l'église, derrière le maître-autel. C'est aussi à l'église, quand il y en a une, que ses curés doivent se réfugier dans la plupart des villages.

N'insistons pas trop sur cette pénible situation. Tous, archevêque et curés, sauraient encore la subir longtemps sans se plaindre s'ils voyaient dans leur pays des écoles, des hôpitaux et des églises suffisamment entretenus par la charité chrétienne.

.·.

Nous avons cité en commençant les villes principales du diocèse de Mgr Haggear. Arrêtons-nous quelques instants pour voir ce qui, dans chacune d'elles, est fait par nos rivaux ou par nos frères égarés afin de savoir mieux ce que notre piété peut essayer d'y réaliser pour le bien des âmes et le maintien de notre séculaire influence.

Saint-Jean-d'Acre, l'antique Ptolémaïs, est une ville de 10.000 habitants. Son port était le seul fréquenté au temps des Croisades. Les musulmans y sont en majorité. La cathédrale est ancienne, assez belle. La maison épiscopale se compose de trois pièces situées sur le haut de la cathédrale.

L'été, les serviteurs couchent dehors sur les terrasses. L'hiver, l'évêque leur cède une pièce qui est tout ensemble son cabinet de travail et son salon.

Mgr Haggear a pu établir dans cette ville une école de garçons. Malgré son exiguïté, elle est assez florissante et lui procure de douces consolations.

A Saint-Jean-d'Acre, les protestants américains

et anglais possèdent un magnifique hôpital où tous les malades, hérétiques ou catholiques, sont reçus gratuitement. Les indigents catholiques qui vont s'y faire soigner sont privés, lorsqu'ils y meurent, des secours de notre sainte religion.

Les mêmes hérétiques subventionnent une école où l'on enseigne exclusivement la langue anglaise.

Les Grecs schismatiques, sous la direction d'un évêque de leur secte, sont soutenus par le très riche patriarcat grec-schismatique de Jérusalem et entretiennent des écoles magnifiques.

Kaïffa est la seconde ville du diocèse. Les catholiques y sont en grand nombre. L'église est bien construite, mais absolument nue. Comme nous l'avons déjà dit, il n'y a pas de maison épiscopale et le presbytère est si exigu que le curé est obligé de quitter sa demeure pour la céder à l'évêque lors du séjour de celui-ci à Kaïffa.

Cette ville s'accroît beaucoup, les catholiques deviennent chaque jour plus nombreux : il faut construire une nouvelle église dans les quartiers excentriques.

Kaïffa possède une école de Frères très insuffisante, une école de filles tenue par les Dames de Nazareth. Les Filles de la Charité de Saint-Vincent-de-Paul y dirigent un dispensaire.

Il existe dans cette ville une école russe schismatique très florissante et largement pourvue, une école grecque schismatique soutenue aussi par la Russie.

La Haute-Église anglaise y a élevé une école et un hôpital richement dotés.

Les Juifs ont à Kaïffa une école très fréquentée. Une colonie allemande importante réside dans cette ville. Il s'y trouve des missionnaires catholiques et des sœurs de Saint-Charles-Borromée qui sont à la tête d'un hôpital, d'un orphelinat et d'une école pour les filles. La mission allemande catholique doit sous peu commencer la construction d'une riche église.

NAZARETH, la ville de Jésus, de sa sainte Mère, de saint Joseph. Nazareth compte aujourd'hui de 5 à 6.000 habitants. L'église de l'Annonciation, grâce aux offrandes des pèlerins, est assez belle, mais elle est inachevée. Le clocher reste à construire ; les cloches, du reste, font défaut, ainsi que les ornements et vases sacrés. Les Frères des Écoles chrétiennes, les Dames de Nazareth, les sœurs de Saint-Joseph instruisent l'enfance. Malheureusement, les œuvres anticatholiques et antifrançaises existent à Nazareth nombreuses et puissantes. La Russie entretient une école normale, un hôpital et des écoles primaires. L'évêque grec-schismatique dispose de sommes considérables pour ses œuvres.

Les Américains protestants ont à Nazareth un hôpital, un orphelinat, une école pour les garçons, une pour les filles. La Haute-Église anglaise subventionne une école où les enfants sont nourris et habillés gratuitement.

Safmed, ville presque entièrement juive, renferme environ 500 catholiques. L'église est pauvre et exiguë. Les protestants anglais ont une école et un hôpital qui prospèrent. Mgr Haggear a établi une école dirigée par un prêtre secondé par un laïque. Une école de sœurs est subventionnée par les RR. PP. Jésuites.

De la misère qui règne dans ces villes, il est facile de conclure à celle plus grande encore qui sévit dans les villages. Les prêtres manquent eux-mêmes du nécessaire et leurs paroissiens ne cessent d'implorer leurs secours. Venons donc à leur aide : donner aux Galiléens, n'est-ce pas donner à Jésus lui-même ! Le Divin Maître a dit : « Ce « que vous ferez au plus petit, au plus dénué de vos « frères, c'est à moi-même que vous le ferez. » C'est surtout quand il s'agit des compatriotes de Jésus, des petits enfants de Nazareth, que cette parole trouve sa complète réalisation.

Ils pourraient, ces pauvres Galiléens, trouver des secours abondants, mais il leur faudrait renier leur foi, il leur faudrait renier en même temps la France, leur seconde patrie.

« Autrefois, pour ce pays béni entre tous par la sainte présence du Christ, tout Français, tout chrétien, ne pensait trop faire en quittant son manoir, son épouse, ses enfants, ses vassaux, son pays, sa vie. C'était trop, pensez-vous. Peut-être. Aussi vous en demandé-je moins. Pierre l'Ermite de mon temps, m'adressant à des Godefroy et à des

Richard de mon temps, je ne vous demande pas de renoncements tragiques. Une pièce de cuivre, une pièce d'argent, une pièce d'or, si vous voulez. Ouvrant ainsi votre bourse, vous ferez œuvre de croyants, œuvre de charitables, œuvre de Français. C'est pour la Terre-Sainte, et Notre-Seigneur Jésus-Christ. C'est pour Mgr Haggear et pour la France. C'est pour des enfants malheureux et notre foi ! » (1.

(1) Mgr Touchet. Discours prononcé à Notre-Dame de Bordeaux, en faveur des œuvres de Mgr Haggear, le 13 mars 1905.

Les offrandes seront reçues avec la plus vive reconnaissance aux adresses suivantes :

1° Mme la Marquise de Courtarvel, en son hôtel, rue Saint-Guillaume, 34, Paris.

2° M. le Curé de Saint-Philippe du Roule, vicaire général de Saint-Jean d'Acre, au presbytère de Saint-Philippe du Roule, rue de Courcelles, 9, Paris.

3° M. l'abbé Lebeurier, supérieur général de l'Œuvre apostolique, vicaire général de Saint-Jean-d'Acre, 26, rue Nicolo, Paris.

4° M. l'abbé Gendrot, chanoine de Saint-Jean-d'Acre, curé de Baillou, par Mondoubleau (Loir-et-Cher).

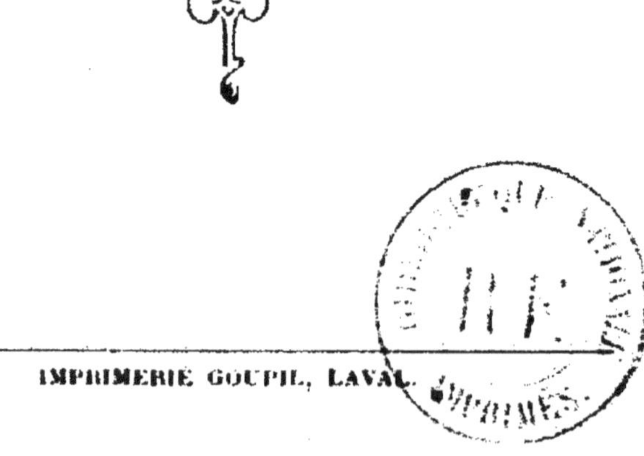

IMPRIMERIE GOUPIL, LAVAL.

Imprimerie GOUPIL, Laval.

www.ingramcontent.com/pod-product-compliance
Lightning Source LLC
Chambersburg PA
CBHW061310050726
47594CB00004B/1637